Romy Fischer

Häkelvirus 3

Mehr Informationen, YouTube-Kanal, Crazypatterns etc. auf:
www.romyfischer.de
www.facebook.com/romyfischerarts
www.twitter.com/RomyFischerArts
www.youtube.com/user/romyfischer/featured
www.crazypatterns.net/de/store/RomyFischer

Bibliographische Information Der Deutschen Bibliothek
Die Deutsche Bibliothek verzeichnet diese Publikation in der Deutschen
Nationalbibliographie; detaillierte bibliographische Daten sind im Internet über
http://dnb.ddb.de abrufbar

Bibliographic information published by Die Deutsche Bibliothek. Die Deutsche Bibliothek
lists this publication in the Deutsche Nationalbibliographie; detailed bibliographic data are
available in the Internet at
http://dnb.ddb.de

Romy Fischer
Häkelvirus 3
ISBN 978-3746015217
Alle Rechte bei der Autorin.
Copyright Fotos Cover & im Innenteil © Romy Fischer
November 2017

Herstellung und Verlag: Books on Demand GmbH, Norderstedt
Dieses Buch wurde im On-Demand-Verfahren hergestellt.

Inhalt:

Abkürzungen & Bezugsquellen

In diesem Anleitungsbuch habe ich ganz bewusst auf Grafiken und Erklärungen für Häkelanfänger verzichtet. Ich selbst bin damals als Anfängerin oft daran verzweifelt, da nicht alles immer so genau verständlich war. Deshalb habe ich einige Videos für Anfänger auf YouTube hochgeladen, die du dir jederzeit und immer wieder kostenlos anschauen kannst. Du findest meine Anleitungsvideos für Anfänger auf einen Blick auf meiner Webseite
http://www.romyfischer.de
Auf meinem YouTube-Kanal werde ich mit der Zeit auch mehr und mehr andere Videos zu diesem Thema hochladen, um diverse andere Fragen (auch für Fortgeschrittene) zu beantworten und Hilfestellung zu geben.
Weitere Amigurumi-Anleitungen werde ich auch einzeln zukünftig in meinem (Crazypatterns)Shop verkaufen, den du auch über meine Webseite erreichen kannst.

Folgende Abkürzungen findest du in diesem Buch mit folgenden Bedeutungen:

M = Masche
R = Reihe
Rd = Runde (die Modelle in diesem Buch werden in Spiralrunden gehäkelt)
Lfm = Luftmasche
W-Lfm = Wendeluftmasche
fM = feste Masche
1 M zun = doppelte Masche (2 Maschen in 1 Masche häkeln)
hStb = halbes Stäbchen
Stb = Stäbchen
DStb = doppeltes Stäbchen
Kettm = Kettmasche
1 M abn = 2 Maschen zusammen abgemascht (1 Masche abnehmen)
hMg = hinteres Maschenglied
vMg = vorderes Maschenglied
M-Glied =Maschenglied
Wdh = wiederholen
Überspr = überspringen

Die Sicherheitsaugen und Nasen, die ich für meine Amigurumi-Modelle verwendet habe, findest du im Online-Shop auf http://www.bastelmaus-shop.de
Manchmal sind einige Verschlusskappen zu eng geformt, so dass ich ein Bastelskalpell verwendet habe, um die Öffnung durch Kratzen und Schaben zu vergrößern. Solltest du auch diesen Weg gehen, kratze zunächst immer nur ein wenig und teste es dann wieder aus. Sonst kann es passieren, dass du die Öffnung zu groß gemacht hast und der Stecker des Auges nicht mehr passt.
Die meisten hier im Buch genannten Garne findest du in meinem Online-Shop auf
www.romyfischer.de

Die Hasenfamilie

Material:

Häkelnadel 2,5mm, Füllwatte, 3 Paar Sicherheitsaugen schwarz; 8mm Durchmesser, Schere, Wollnadel, Häkelgarn „Carina" von G-B- Wolle 2x 50g grau (Farbnr. 145), 2x 50g braun (Farbnr. 104), 1x 50g weiß (Farbnr. 800) 1x 50g caramel (Farbnr. 460), Reste in schwarz (Farbnr. 899), pflaume (Farbnr. 450), pink (Farbnr. 133), Ggf. Stecknadeln

Haseneltern (Vater grau, Mutter braun)

Kopf & Körper (braun bzw. grau)

Rd 1: 6 fM in einen Fadenring häkeln und zuziehen (6M)
Rd 2: alle M verdoppeln = in jede M 2 fM häkeln (12M)
Rd 3: 6x (1 fM, 1 M zun) (18M)
Rd 4: 6x (2 fM, 1 M zun) (24M)
Rd 5: 6x (3 fM, 1 M zun) (30M)
Rd 6: 6x (4 fM, 1 M zun) (36M)
Rd 7: 6x (5 fM, 1 M zun) (42M)
Rd 8: 6x (6 fM, 1 M zun) (48M)
Rd 9: 6x (7 fM, 1 M zun) (54M)
Rd 10: 6x (8 fM, 1 M zun) (60M)
Rd 11-17: 60fM (60M)
Rd 18: 6x (1 M abn, 8fM) (54M)
Rd 19: 6x (1 M abn, 7fM) (48M)
Rd 20: 6x (1 M abn, 6fM) (42M)
Rd 21: 6x (1 M abn, 5fM) (36M)
Rd 22: 6x (1 M abn, 4fM) (30M)
Rd 23: 30fM (30M)
Rd 24: 6x (4 fM, 1 M zun) (36M)
Rd 25: 36fM (36M)
Rd 26: 6x (5 fM, 1 M zun) (42M)
Rd 27: 42fM (42M)
Rd 28: 6x (6 fM, 1 M zun) (48M)
Rd 29: 48fM (48M)
Rd 30: 6x (7 fM, 1 M zun) (54M)
Rd 31: 54fM (54M)
Rd 32: 6x (8 fM, 1 M zun) (60M)
Rd 33: 60fM (60M)
Rd 34: 6x (9 fM, 1 M zun) (66M)
Rd 35-45: 66fM (66M)
Rd 46: 6x (1 M abn, 9 fM) (60M)
Rd 47: 6x (1 M abn, 8 fM) (54M)
Rd 48: 6x (1 M abn, 7 fM) (48M)
Rd 49: 6x (1 M abn, 6 fM) (42M)
Rd 50: 6x (1 M abn, 5 fM) (36M)

Den Körper nun zu 2/3 mit Watte füllen und in den folgenden Runden immer mal wieder nach-stopfen.

Rd 51: in dieser Rd wird durchgehend nur ins hMg gehäkelt: 6x (1 M abn, 4 fM) (30M)
Rd 52: 6x (1 M abn, 3 fM) (24M)
Rd 53: 6x (1 M abn, 2 fM) (18M)
Rd 54: 6x (1 M abn, 1 fM) (12M)
Rd 55: 6x 1 M abn (6M)
Abmaschen und die kleine Öffnung zunähen.

Oberschenkel (2x; braun bzw. grau)

Rd 1: 6 fM in einen Fadenring häkeln und zuziehen (6M)
Rd 2: alle M verdoppeln (12M)
Rd 3: 6x (1 fM, 1 M zun) (18M)
Rd 4: 6x (2 fM, 1 M zun) (24M)
Rd 5: 6x (3 fM, 1 M zun) (30M)
Rd 6: 6x (4 fM, 1 M zun) (36M)
Rd 7: 6x (5 fM, 1 M zun) (42M)
Rd 8-10: 42 fM (42M)
Abmaschen, mit Watte füllen und seitlich unten am Körper annähen.

Füße (2x; weiß bzw. caramel)

Rd 1: 6 fM in einen Fadenring häkeln und zuziehen (6M)
Rd 2: alle M verdoppeln = in jede M 2 fM häkeln (12M)
Rd 3: 6x (1 fM, 1 M zun) (18M)
Rd 4: 6x (2 fM, 1 M zun) (24M)
Rd 5-19: 24 fM (24M)
Nun mit schwarzem Garn die Krallen sticken (2 Linien; und im Innenbereich verknoten)
Rd 20: 6x (1 M abn, 2 fM) (18M)
Nun den Fuß mit Watte ausstopfen; jedoch weiter in den letzten 2cm keine Watte mehr, damit der Hase später gut stehen kann und nicht wackelt bzw. kippelt.
Rd 21: 6x (1 M abn, 1 fM) (12M)
Im Anschluss den Fuß zusammendrücken und mit fM zusammenhäkeln (verschließen).

Hände/Arme (2x)

In weiß beim Vater und caramel bei der Mutter beginnen.

Rd 1: 6 fM in einen Fadenring häkeln und zuziehen (6M)
Rd 2: alle M verdoppeln = in jede M 2 fM häkeln (12M)
Rd 3: 6x (1 fM, 1 M zun) (18M)
Rd 4: 6x (2 fM, 1 M zun) (24M)
Rd 5: 6x (3 fM, 1 M zun) (30M)
Rd 6-8: 30 fM (30M)

Rd 9: 6x (1 M abn, 3 fM) (24M)
Rd 10:24 fM (24M)
Rd 11: 6x (1 M abn, 2 fM) (18M)
Rd 12: 18 fM (18M)
Nun werden mit schwarzem Garn die Krallen gestickt (wie bereits bei den Füßen).
Farbwechsel in grau beim Vater, in braun bei der Mutter
Rd 13: 6x (1 M abn, 1 fM) (12M)
Rd 14-25: 12 fM (12M)
Den Arm nun mit Watte ausstopfen, allerdings oben in den letzten 2cm kaum noch Watte, damit der Arm nach dem Annähen an den Körper gut anliegt. Auch den Arm mit fM zusammenhäkeln und am Körper annähen.

Stummelschwänzchen (weiß bzw. caramel)

Rd 1: 6 fM in einen Fadenring häkeln und zuziehen (6M)
Rd 2: alle M verdoppeln = in jede M 2 fM häkeln (12M)
Rd 3: 6x (1 fM, 1 M zun) (18M)
Rd 4-9: 18 fM (18M)
Nun mit Watte füllen.
Rd 10: 6x (1 M abn, 1 fM) (12M)
Mit fM zusammenhäkeln/verschließen und mittig unten an der Rückseite des Körpers annähen.

Vater-Ohren (2x; grau)

Rd 1: 6 fM in einen Fadenring häkeln und zuziehen (6M)
Rd 2: 6 fM (6M)
Rd 3: 3x (1 fM, 1 M zun) (9M)
Rd 4: 9 fM (9M)
Rd 5: 3x (2 fM, 1 M zun) (12M)
Rd 6: 12 fM (12M)
Rd 7: 3x (3 fM, 1 M zun) (15M)
Rd 8: 15 fM (15M)
Rd 9: 3x (4 fM, 1 M zun) (18M)
Rd 10: 18 fM (18M)
Rd 11: 3x (5 fM, 1 M zun) (21M)
Rd 12-19: 21 fM (21M)
Die Ohren werden nicht mit Watte gefüllt, zum Abschluss unten zusammendrücken und mit fM zusammenhäkeln (verschließen). Daraufhin in der Mitte zusammenfalten, mit ein paar Stichen zusammennähen und oben am Kopf annähen.

Mutter-Ohren (2x; braun)

Rd 1: 6 fM in einen Fadenring häkeln und zuziehen (6M)
Rd 2: alle M verdoppeln = in jede M 2 fM häkeln (12M)
Rd 3: 6x (1 fM, 1 M zun) (18M)

Rd 4: 6x (2 fM, 1 M zun) (24M)
Rd 5: 6x (3 fM, 1 M zun) (30M)
Rd 6: 6x (4 fM, 1 M zun) (36M)
Rd 7: 6x (5 fM, 1 M zun) (42M)
Rd 8: 6x (6 fM, 1 M zun) (48M)
Rd 9: 6x (7 fM, 1 M zun) (54M)
Rd 10: 6x (8 fM, 1 M zun) (60M)
Rd 11-13: 60fM (60M)
Rd 14: 6x (1 M abn, 8fM) (54M)
Rd 15-17: 54 fM (54M)
Rd 18: 6x (1 M abn, 7fM) (48M)
Rd 19-21: 48 fM (48M)
Rd 22: 6x (1 M abn, 6fM) (42M)
Rd 23-25: 42 fM (42M)
Rd 26: 6x (1 M abn, 5fM) (36M)
Rd 27-29: 36 fM (36M)
Rd 30: 6x (1 M abn, 4fM) (30M)
Rd 31-33: 30fM (30M)
Rd 34: 6x (1 M abn, 3 fM) (24M)
Rd 35: 24 fM (24M)

Die Ohren werden nicht mit Watte gefüllt, zum Abschluss unten zusammendrücken und mit fM zusammenhäkeln (verschließen). Daraufhin in der Mitte zusammenfalten, mit ein paar Stichen zusammennähen und oben am Kopf annähen.

Schnauze (weiß bzw. caramel)

Rd 1: 6 fM in einen Fadenring häkeln und zuziehen (6M)
Rd 2: alle M verdoppeln = in jede M 2 fM häkeln (12M)
Rd 3: 6x (1 fM, 1 M zun) (18M)
Rd 4: 6x (2 fM, 1 M zun) (24M)
Rd 5: 6x (3 fM, 1 M zun) (30M)
Rd 6: 6x (4 fM, 1 M zun) (36M)
Rd 7-10: 36 fM (36M)

Abmaschen und einen längeren Faden lassen.

Den Faden mit einer Wollnadel mittig durch die Schnauze weben (in einer Linie entlang hoch und runter stechen, wie beim Weben) und so fest anziehen, dass sich die Schnauze in der Mitte kräuselt. Dann mit Watte ausstopfen und am Kopf annähen.

 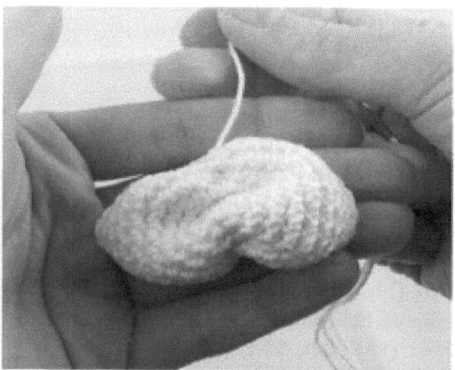

Nase (pink)

Rd 1: 6 fM in einen Fadenring häkeln und zuziehen (6M)
Rd 2: alle M verdoppeln = in jede M 2 fM häkeln (12M)
Rd 3+4: 12 fM (12M)
Mit Watte ausstopfen.
Rd 5: 6x 1 M abn (6M)
Abmaschen, die Öffnung zunähen und mittig auf der Schnauze annähen.

Zähne (weiß)

In diesem Schritt wird auf der Ober- und Unterseite der Lfm-Kette gearbeitet.

6 Lfm häkeln

Rd 1: Oberseite: 4 fM, 3 fM in die letzte M, Unterseite: 4 fM, 3 fM in 1 M (14M)
Rd 2-4: 14 fM (14M)
Öffnung mit fM zusammenhäkeln. Schwarzes Garn mit einer Wollnadel mittig von hinten nach vorne durchziehen, einmal herumwickeln und auf der Rückseite beide Fadenenden miteinander verknoten. Die Zähne daraufhin von unten an die Schnauze annähen.

Augen (2x)

Beim Vater in braun beginnen, bei der Mutter in pflaume.

Rd 1: 6 fM in einen Fadenring häkeln und zuziehen (6M)
Rd 2: alle M verdoppeln = in jede M 2 fM häkeln (12M)
Rd 3+4: 12 fM (12M)
Farbwechsel in weiß
Rd 5-9: 12 fM (12M)

Nun das Sicherheitsauge durch beide Schichten hindurchstechen und feststecken – die Augen im Anschluss an den Kopf annähen und mit schwarzem Garn einen Lidstrich sticken.

Zum Abschluss links und rechts jeweils 3 schwarze Fäden mit der Häkelnadel seitlich durch die Schnauze ziehen, so dass eine Schlaufe entsteht. Beide Fadenenden daraufhin durch diese Schlaufe stecken und festziehen.

Hasenbaby

Kopf (caramel)

Rd 1: 6 fM in einen Fadenring häkeln und zuziehen (6M)
Rd 2: alle M verdoppeln = in jede M 2 fM häkeln (12M)
Rd 3: 6x (1 fM, 1 M zun) (18M)
Rd 4: 6x (2 fM, 1 M zun) (24M)
Rd 5: 6x (3 fM, 1 M zun) (30M)
Rd 6: 6x (4 fM, 1 M zun) (36M)
Rd 7: 6x (5 fM, 1 M zun) (42M)
Rd 8-13: 42 fM (42M)
Rd 14: 6x (1 M abn, 5 fM) (36M)
Rd 15: 6x (1 M abn, 4 fM) (30M)
Rd 16: 6x (1 M abn, 3 fM) (24M)
Rd 17: 6x (1 M abn, 2 fM) (18M)
Den Kopf nun mit Watte füllen und in den weiteren Runden weiter ausstopfen.
Rd 18: 6x (1 M abn, 1 fM) (12M)
Rd 19: 6x 1 M abn (6M)
Abmaschen, die Öffnung zunähen und einen längeren Faden lassen, mit dem der Kopf später am Körper angenäht wird.

Körper (caramel)

Rd 1: 6 fM in einen Fadenring häkeln und zuziehen (6M)
Rd 2: alle M verdoppeln = in jede M 2 fM häkeln (12M)
Rd 3: 6x (1 fM, 1 M zun) (18M)
Rd 4: 6x (2 fM, 1 M zun) (24M)
Rd 5: 6x (3 fM, 1 M zun) (30M)
Rd 6-9: 30 fM (30M)
Rd 10: 6x (4 fM, 1 M zun) (36M)
Rd 11-17: 36 fM (36M)
Rd 18: 6x (5fM, 1 M zun) (42M)
Rd 19-23: 42 fM (42M)
Rd 24: 6x (1 M abn, 5 fM) (36M)
Rd 25: 6x (1 M abn, 4 fM) (30M)
Rd 26: 6x (1 M abn, 3 fM) (24M)
Den Körper nun mit Watte füllen und in den folgenden Runden weiter nachstopfen.
Rd 27: 6x (1 M abn, 2 fM) (18M)
Rd 28: 6x (1 M abn, 1 fM) (12M)
Rd 29: 6x 1 M abn (6M)
Abmaschen und die Öffnung zunähen.

Pfoten (4x; weiß)

Rd 1: 6 fM in einen Fadenring häkeln und zuziehen (6M)
Rd 2: 3x (1 fM, 1 M zun) (9M)
Rd 3: 9 fM (9M)
Rd 4: 3x (2 fM, 1 M zun) (12M)
Rd 5-11: 12 fM (12M)
Die Fußspitzen mit Watte füllen, nach hinten hin weniger bzw. gar keine Watte, damit das
Häschen einen stabilen Stand bekommt. Im Anschluss die Pfoten auf der Unterseite annähen.
Hierbei darauf achten, dass die Vorder- und Hinterpfoten jeweils ein „V" bilden, damit das Ha-
senbaby einen stabilen Stand bekommt und nicht zur Seite umfallen kann.

Stummelschwänzchen (weiß)

Rd 1: 6 fM in einen Fadenring häkeln und zuziehen (6M)
Rd 2: 3x (1 fM, 1 M zun) (9M)
Rd 3-6: 9 fM (9M)
Mit Watte füllen und im Anschluss mit fM zusammenhäkeln, sowie hinten mittig am Körper
annähen.

Schnauze (weiß)

Rd 1: 6 fM in einen Fadenring häkeln und zuziehen (6M)
Rd 2: alle M verdoppeln = in jede M 2 fM häkeln (12M)
Rd 3: 6x (1 fM, 1 M zun) (18M)
Rd 4: 6x (2 fM, 1 M zun) (24M)
Rd 5+6: 24 fM (24M)
Abmaschen und einen längeren Faden lassen.
Den Faden mit einer Wollnadel mittig durch die Schnauze weben und so fest anziehen, dass sich die Schnauze in der Mitte kräuselt. Dann mit Watte ausstopfen und am Kopf annähen.

Nase (pink)

Rd 1: 6 fM in einen Fadenring häkeln und zuziehen (6M)
Rd 2+3: 6 fM (6M)
Abmaschen, die Öffnung zunähen und mittig auf der Schnauze annähen.

Augen (2x; weiß)

4 Lfm häkeln und mit 1 Kettm zur Rd schließen, sowie 1 Lfm häkeln.

Rd 1: 8 fM in diese Rd häkeln (8M)
Rd 2: alle M verdoppeln (16M)
Mit 1 Kettm die Rd schließen und abmaschen. Das Sicherheitsauge mittig durch das Loch schieben und feststecken. Dann die Augen am Kopf annähen.

Ohren (2x; caramel)

Rd 1: 6 fM in einen Fadenring häkeln und zuziehen (6M)
Rd 2: 6 fM (6M)
Rd 3: 3x (1 fM, 1 M zun) (9M)
Rd 4: 9 fM (9M)
Rd 5: 3x (2 fM, 1 M zun) (12M)
Rd 6: 12 fM (12M)
Rd 7: 3x (3 fM, 1 M zun) (15M)
Rd 8+9: 15 fM (15M)
Die Ohren werden nicht mit Watte gefüllt, zum Abschluss unten zusammendrücken und mit fM zusammenhäkeln (verschließen). Daraufhin in der Mitte zusammenfalten, mit ein paar Stichen zusammennähen und oben am Kopf annähen.

Zum Abschluss links und rechts jeweils 3 graue Fäden mit der Häkelnadel seitlich durch die Schnauze ziehen, so dass eine Schlaufe entsteht. Beide Fadenenden daraufhin durch diese Schlaufe stecken und festziehen (Barthaare).

Erdbeertasche

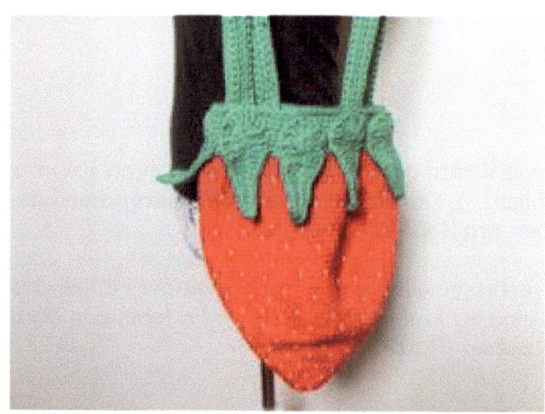

Material:

WollButt „Lisa" je 3x 50g Knäuel in rot und grün, sowie einen Rest in gelb, Häkelnadel 5,0, Schere, Wollnadel, Ggf. roter Baumwollstoff, Nähgarn und Nähnadel (optional)

Größe: Tasche 35cm Höhe, 29cm Breite, Träger 47cm

Erdbeere

In rot beginnen

Rd 1: in einen Fadenring 6 fM häkeln und zuziehen (6 M)
Rd 2: alle M verdoppeln bzw. 6x 1 M zun (12 M)
Rd 3: 6x (1 fM, 1 M zun) (18 M)
Rd 4: 18 fM (18 M)
Rd 5: 6x (2 fM, 1 M zun) (24 M)
Rd 6: 24 fM (24 M)
Rd 7: 6x (3 fM, 1 M zun) (30 M)
Rd 8: 30 fM (30 M)
Rd 9: 6x (4 fM, 1 M zun) (36 M)
Rd 10: 36 fM (36 M)
Rd 11: 6x (5 fM, 1 M zun) (42 M)
Rd 12: 42 fM (42 M)
Rd 13: 6x (6 fM, 1 M zun) (48 M)
Rd 14: 48 fM (48 M)
Rd 15: 6x (6x (7 fM, 1 M zun) (54 M)
Rd 16: 54 fM (54 M)
Rd 17: 6x (8fM, 1 M zun), 60 M)
Rd 18: 60 fM (60 M)
Rd 19: 6x (9 fM, 1 M zun) (66 M)
Rd 20: 66 fM (66 M)
Rd 21: 6x (10 fM, 1 M zun) (72 M)
Rd 22: 72 fM (72 M)
Rd 23: 6x (11 fM, 1 M zun) (78 M)
Rd 24: 78 fM (78 M)
Rd 25: 6x (12 fM, 1 M zun) (84 M)
Rd 26: 84 fM (84 M)
Rd 27: 6x (13 fM, 1 M zun) (90 M)
Rd 28: 90fM (90 M)
Rd 29: 6x (14 fM, 1 M zun) (96 M)
Rd 30-49: 96 fM (96 M)
Rd 50: 6x (1 M abn, 14 fM) (90 M)
Rd 51: 6x (1 M abn, 13 fM) (84 M)
Rd 52: 6x (1 M abn, 12 fM) (78 M)
Rd 53: 6x (1 M abn, 11 fM) (72 M)

Farbwechsel in grün
Rd 54: 6x (1M abn, 10 fM) (66 M)
Rd 55–61: 66 fM (66 M)
1 Kettm, abmaschen

Mit einem gelben Faden stickst du die gelben Punkte. Reicht die Länge nicht komplett aus, ist das nicht schlimm. Einfach auf der Innenseite verknoten, vernähen und einen neuen Faden ansetzen.

Am schönsten ist es, wenn die Innenseite mit Baumwollstoff gekleidet wird. So kann der Inhalt der Tasche nicht an den gelben Fäden auf der Innenseite hängen bleiben. Hierfür die Tasche einfach glatt auf den Baumwollstoff legen, drum herum zeichnen (mit ca. 1cm Nahtzugabe). Den Stoff zuschneiden, den oberen Teil (Öffnung) säumen und die Seiten einmal ringsherum zusammennähen. Im Anschluss von innen an die Tasche nähen.

Träger (2x; grün)

130 Lfm + 1 W-Lfm (= 130 M)
Insgesamt 6 Reihen 130 fM + 1 W-Lfm häkeln und am Ende in der Mitte falten und mit 130 fM zusammenhäkeln. So erhältst du einen stabilen Träger. Diesen nähst du auf der Innenseite der Tasche an.

Blätter (8x; grün)

15 Lfm + 1 W-Lfm

In diesem Schritt wird auf der Ober- und der Unterseite der Lfm-Kette gearbeitet.

2 Kettm, 3 fM, 3 hStb, 3 Stb, 3 DStb, 10 DStb in die letzte M, danach auf die Unterseite drehen und dort wie folgt weiterarbeiten: 3 DStb, 3 Stb, 3 fM, 2 Kettm, abmaschen und dabei einen längeren Faden zum Annähen lassen.

Auf der Rückseite des Blattes schiebst du mit der Wollnadel den Faden durch einige Maschen, bis du ungefähr im oberen Drittel des Blattes angekommen bist. Von dort aus nähst du mit dem Wollfaden das Blatt am grünen Rand der Tasche an.

Sternkissen

Material:

300g (= 6 Knäule)„Lisa" von WollButt (buttinette) in gelb, Reste in schwarz, weiß und rot, Füll-watte, Wollnadel, Schere, Stecknadeln, Häkelnadel 6,0

Größe: ca. 70 cm Durchmesser

Augen (2x; schwarz)

Rd 1:6 fM in einen Fadenring häkeln und zuziehen (6 M)
Rd 2: alle M verdoppeln (12 M)
Rd 3: 6x (1 fM, 1 M zun) (18 M)
Rd 4: 6x (2 fM, 1 M zun) (24 M)
1 Kettm, abmaschen und einen längeren Faden zum Annähen lassen.

Zacken (5x; gelb)

Rd 1: 6 fM in einen Fadenring häkeln und zuziehen (6 M)
Rd 2: 6 fM (6 M)
Rd 3: 3x (1 fM, 1 M zun) (9 M)
Rd 4: 9 fM (9 M)
Rd 5: 3x (2 fM, 1 M zun) (12 M)
Rd 6: 12 fM (12 M)
Rd 7: 3x (3 fM, 1 M zun) (15 M)
Rd 8: 15 fM (15 M)
Rd 9: 3x (4 fM, 1 M zun) (18 M)
Rd 10: 18 fM (18 M)
Rd 11: 3x (5 fM, 1 M zun) (21 M)
Rd 12: 21 fM (21 M)
Rd 13: 3x (6 fM, 1 M zun) (24 M)
Rd 14: 24 fM (24 M)
Rd 15: 3x (7 fM, 1 M zun) (27 M)
Rd 16: 27 fM (27 M)
Rd 17: 3x (8 fM, 1 M zun) (30 M)
Rd 18: 30 fM (30 M)
Rd 19: 3x (9 fM, 1 M zun) (33 M)
Rd 20: 33 fM (33 M)
Rd 21: 3x (10 fM, 1 M zun) (36 M)
Rd 22: 36 fM (36 M)
Rd 23: 3x (11 fM, 1 M zun) (39 M)
Rd 24: 39 fM (39 M)
Rd 25: 3x (12 fM, 1 M zun) (42 M)
Rd 26: 42 fM (42 M)
Rd 27: 3x (13 fM, 1 M zun) (45 M)
Rd 28: 45 fM (45 M)

Rd 29: 3x (14 fM, 1 M zun) (48 M)
Rd 30: 48 fM (48 M)
1 Kettm, abmaschen

Die letzte der 5 Zacken wird nicht abgemascht, sondern sie bleibt am Arbeitsfaden. Im nächsten Schritt geht es darum, alle Zacken miteinander zu verbinden. Dies geschieht durch Abnahmen von Maschen – also mit „1 M abn" entsteht die Verbindung zur nächsten Zacke. Hierbei werden je 1 fM der vorherigen Zacke und 1 fM der nachfolgenden Zacke zusammen abgemascht.
Die Zacken bestehen zu je 48 M insgesamt. Lege sie flach vor dich hin – du arbeitest nun mit den jeweils 24 M der Vorderseite. Die Rundenzählung beginnt von Neuem („Öffnung schließen"; siehe auch Abb. 1-3).

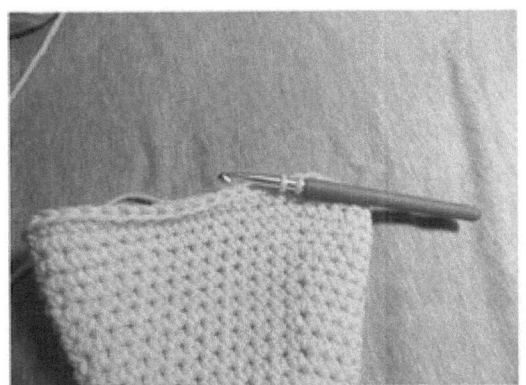
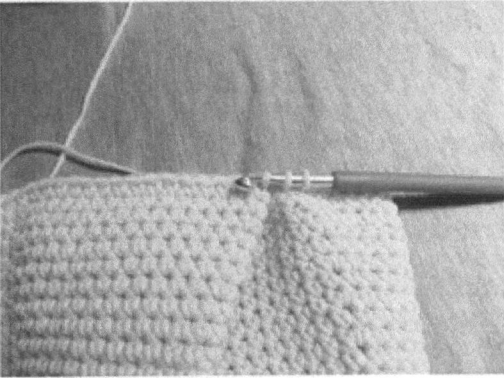

Öffnung schließen (gelb)

Rd 1: 5x (1 M abn, 22 fM) (115 M)
Rd 2: 5x (1 M abn, 21 fM) (110 M)
Rd 3: 5x (1 M abn, 20 fM) (105 M)
Rd 4: 5x (1 M abn, 19 fM) (100M)

Rd 5: 5x (1 M abn, 18 fM) (95 M)
Rd 6: 5x (1 M abn, 17 fM) (90 M)
Rd 7: 5x (1 M abn, 16 fM) (85 M)
Rd 8: 5x (1 M abn, 15 fM) (80 M)
Rd 9: 5x (1 M abn, 14 fM) (75 M)
Rd 10: 5x (1 M abn, 13 fM) (70 M)
Rd 11: 5x (1 M abn, 12 fM) (65 M)
Rd 12: 5x (1 M abn, 11 fM) (60 M)
Rd 13: 5x (1 M abn, 10 fM) (55 M)
Rd 14: 5x (1 M abn, 9 fM) (50 M)
Rd 15: 5x (1 M abn, 8 fM) (45 M)
Rd 16: 5x (1 M abn, 7 fM) (40M)
Rd 17: 5x (1 M abn, 6 fM) (35 M)
Rd 18: 5x (1 M abn, 5 fM) (30 M)
Rd 19: 5x (1 M abn, 4 fM) (25 M)
Rd 20: 5x (1 M abn, 3 fM) (20 M)
Rd 21: 5x (1 M abn, 2 fM) (15 M)
Rd 22: 5x (1 M abn, 1 fM) (10 M)
Rd 23: 5x 1 M abn (5 M)
1 Kettm, abmaschen, Öffnung zunähen

Im nächsten Schritt nähst du die Augen an die Vorderseite des Sterns. Zusätzlich kannst du mit 2 weißen Linien in den Augen dafür sorgen, dass der Stern das gewisse Etwas bzw. so etwas Ähnliches wie Lichtreflexe oder „Leben" bekommt.

Mit 3 Stecknadeln setzt du die Ein-/Ausstichpunkte für den Mund. Anhand dessen kannst du vorweg festlegen, wie weit die Mundwinkel nach oben gestreckt sein sollen, wie weit das Lächeln gehen soll. Daraufhin stickst du mit roter Wolle den Mund.

Im Anschluss drehst du den Stern auf die Rückseite und füllst die einzelnen Zacken mit Watte. Danach suchst du dir eine Zacke aus, mit der du beginnen möchtest weiterzuhäkeln. Es ist hierbei vollkommen egal, welche Zacke du nimmst. Du setzt den Faden in der vorletzten M des Zackens an (siehe Abb. 4 und 5), damit du beginnen kannst mit „1 M abn, 22 fM".

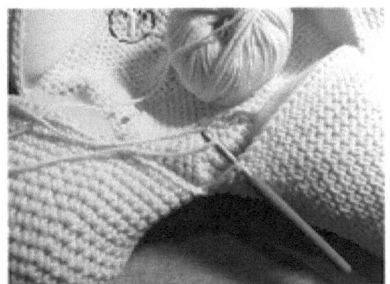

Du wiederholst den kompletten Schritt „Öffnung schließen". Je weiter sich der Stern schließt, umso häufiger stopfst du mit Watte nach, damit auch die Mitte des Sterns gut gepolstert ist. Auch überprüfst du währenddessen immer mal wieder, ob die einzelnen Zacken auch ausreichend mit Watte gefüllt sind. Hast du Rd 23 dieses Arbeitsschrittes beendet, vernähst du den Faden, und das Sternkissen ist fertig.

Utensilo (2 Größen)

Material: G-B-Wolle „Tempo" je 150g in flieder und 100g in weiß, Häkelnadel 6, Wollnadel, Schere

Größe: kleinere Variante ca. 15cm Durchmesser + 11,5cm Höhe, größere Variante ca. 21cm Durchmesser + 15cm Höhe

Blüte (1x in flieder, 1x in weiß)

4 Lfm mit 1 Kettm zur Rd schließen

Rd 1: 1 Lfm, 10 fM in die Rd häkeln, 1 Kettm in die Lfm vom Anfang
Rd 2: 5x (4 Lfm, 2 DStb in 1 M, 4 Lfm, 1 fM in die nächste M)
Abschließen mit 1 Kettm und 1 Lfm, längeren Faden lassen zum Annähen

Großes Utensilo (flieder)

Rd 1: in einen Fadenring 6 fM häkeln und zur Runde schließen (6 M)
Rd 2: alle M verdoppeln (12 M)
Rd 3: 6x (1 fM, 1 M zun) (18 M)
Rd 4: 6x (2 fM, 1 M zun) (24 M)
Rd 5: 6x (3 fM, 1 M zun) (30 M)
Rd 6: 6x (4 fM, 1 M zun) (36 M)
Rd 7: 6x (5 fM, 1 M zun) (42 M)
Rd 8: 6x (6 fM, 1 M zun) (48 M)
Rd 9: 6x (7 fM, 1 M zun) (54 M)
Rd 10: 6x (8 fM, 1 M zun) (60 M)
Rd 11: 6x (9 fM, 1 M zun) (66 M)
Rd 12: 6x (10 fM, 1 M zun) (72 M)
Rd 13: 72 fM ins hMg (72 M)
Rd 14-37: 72 fM (72 M)
Farbwechsel in weiß
Rd 38-40: 72 fM (72 M)
1 Kettm, abmaschen, langen Faden lassen

Kleines Utensilo (weiß)

Rd 1: in einen Fadenring 6 fM häkeln und zur Runde schließen (6 M)
Rd 2: alle M verdoppeln (12 M)
Rd 3: 6x (1 fM, 1 M zun) (18 M)
Rd 4: 6x (2 fM, 1 M zun) (24 M)
Rd 5: 6x (3 fM, 1 M zun) (30 M)
Rd 6: 6x (4 fM, 1 M zun) (36 M)
Rd 7: 6x (5 fM, 1 M zun) (42 M)
Rd 8: 6x (6 fM, 1 M zun) (48 M)
Rd 9: 48 fM ins hMg (48 M)
Rd 10: 10-26: 48 fM (48 M)
Farbwechsel in flieder
Rd 27-29: 48 fM (48 M)
1 Kettm, abmaschen, langen Faden lassen

Fertigstellung:

Das obere Drittel des Utensilos wird nach außen umgeklappt und festgenäht. Im Anschluss die Blüte mittig anbringen und festnähen. Kleiner Tipp: die Blüte bestenfalls über den Farbübergang am Utensilo annähen, damit man diesen im Anschluss nicht mehr sehen kann.

Wellensittich-Kosmetik-Etui

Material:

Für die gelb/grüne Tasche: „Carina" von G-B-Wolle, je 1x 50g Knäuel in gelb (Farbnr. 131), neon-grün (Farbnr. 440), Reste in schwarz (Farbnr. 899), rosa (Farbnr. 307), weiß (Farbnr. 800) und hellblau (Farbnr. 215), Reißverschluss 20cm in gelb, Stecknadeln, Schere, Wollnadel, Nähnadel, Nähgarn in gelb, Häkelnadel 3,0

Für die weiß/blaue Tasche: „Carina" von G-B-Wolle, je 1x 50g Knäuel in weiß (Farbnr. 800), stahlblau (Farbnr. 329), Reste in schwarz (Farbnr. 899), gelb (Farbnr. 131) und rosa (Farbnr. 307), Reißverschluss 20cm in weiß, Stecknadeln, Schere, Wollnadel, Nähnadel, Nähgarn in weiß, Häkelnadel 3,0

Größe: ca. 20cm hoch, ca. 13cm breit

Taschenrohling:

In gelb bzw. weiß 46 Lfm + 2 W-Lfm (= 48 Lfm insgesamt) häkeln.
Der komplette Taschenrohling wird in hStb gehäkelt (= 46 hStb + 2 W-Lfm).
R 1-12 in gelb bzw. weiß, R 13-30 in neongrün bzw. stahlblau, R 31-42 in gelb bzw. weiß.
Danach abmaschen und zur Seite legen (er wird erst zuletzt zusammengefaltet und zusammengenäht).

In schwarz werden nun die Augen und die Flecken für den mittleren Teil gearbeitet.

Zunächst die Augen (pro Tasche 2x):

Rd 1: 6 fM in einen Fadenring häkeln und zuziehen (6 M)
Rd 2: alle M verdoppeln (12 M)
Rd 3: 6x (1 fM, 1 M zun) (18 M)
1 Kettm, abmaschen und einen längeren Faden zum Annähen lassen

Flecken (pro Tasche 6x):

Rd 1: 6 fM in einen Fadenring häkeln und zuziehen (6 M)
1 Kettm, abmaschen, und einen längeren Faden zum Annähen lassen

Fertigstellen:

Wie auf den Abbildungen gezeigt, nähst du zuerst beide Augen auf die Vorderseite an, im Anschluss die 6 schwarzen Flecken. Mit einem schwarzen Faden werden auf beiden Seiten des Gesichts je 2 diagonale Linien unter bzw. neben das Auge gestickt. Mit einem weißen Faden stickst du eine kleine diagonale Linie in die Augen – als eine Art Lichtreflex. So hauchst du deiner Wellensittich-Tasche etwas Leben ein.
Letztendlich stickst du noch den Schnabel. Hierfür brauchst du einen sehr langen Faden von ca. 1,50m in rosa (gelb/grüne Tasche) bzw. gelb (weiß/blaue Tasche). Wie in der Titelabbildung gezeigt, beginnst du, einzelne waagerechte Linien zwischen den Augen zu sticken, über insgesamt 3 Reihen Höhe und 8 Maschen Breite. Mit einem ca. 60cm langen Faden in hellblau (gelb/grüne Tasche) bzw. rosa (weiß/blaue Tasche) stickst du in die erste Reihe ein paar Linien oben drauf, so dass du darunterliegende Farbe nicht mehr zu sehen ist, und fertig ist das „Gesicht".

Im nächsten Schritt nähst du die Seiten zusammen. Hierfür faltest du die Tasche so zusammen, dass das Gesicht auf der Innenseite liegt. Beide Seiten nun zusammennähen (die Naht ist im Abschnitt „Reißverschluss einnähen" erklärt), alternativ kannst du die Seiten natürlich auch mit festen Maschen zusammenhäkeln. Besonders gut sieht es aus, wenn du die entsprechenden Farben an Garn dafür verwendest: gelb an der gelben Seite, grün an der grünen Seite usw.
Wenn du diesen Schritt beendet hast, klappst du die Tasche um, so dass das „Gesicht" auf der Außenseite zu sehen ist. Nun geht es darum, den Reißverschluss einzunähen.

Reißverschluss einnähen:

Wähle aus, in welche Richtung der Verschluss verlaufen soll. Dann steckst du die erste Seite (er bleibt noch verschlossen) mit Stecknadeln fest und beginnst die Naht. Wenn du die zweite Seite des Reißverschlusses annähst, wird er vorher geöffnet, damit du ihn mit der Hand besser festhalten kannst.

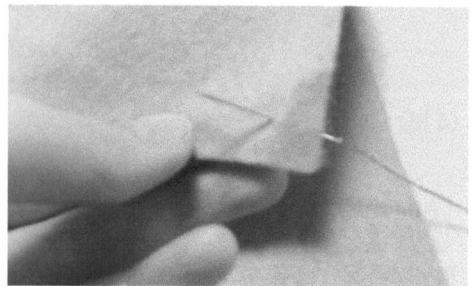 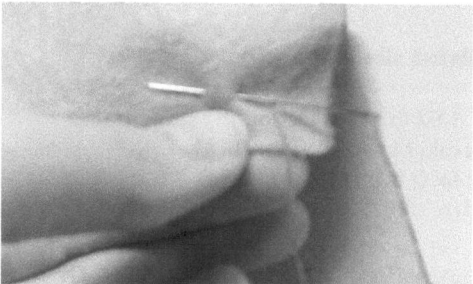

Von unten einstechen und den Faden durchziehen (Abb. 1). Wenige Millimeter daneben einstechen, wieder ausstechen und den Faden wieder durchziehen (Abb. 2).

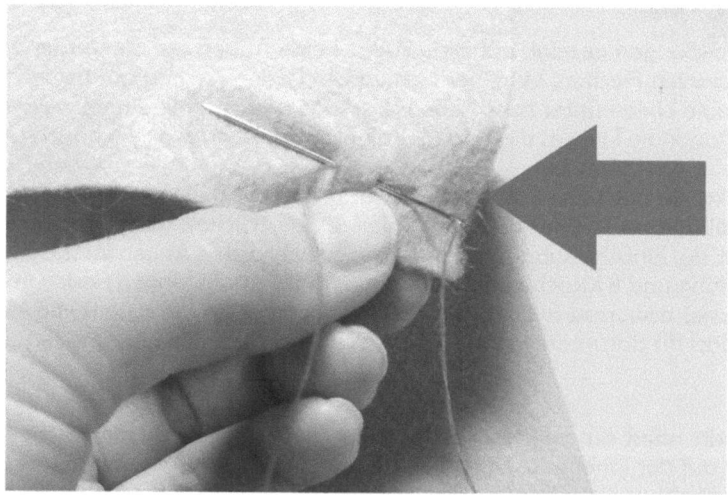

Es entsteht eine Lücke. Um diese Lücke zu schließen, mit der Nadel zurückgehen und dort wieder einstechen, wo du im vorherigen Schritt eingestochen hast. Und du stichst auch dort wieder aus, wo du im vorherigen Schritt ausgestochen hast – quasi diesen Schritt wiederholen. Dann wiederholst du ab Abb. 2 immer wieder diese beiden Schritte.

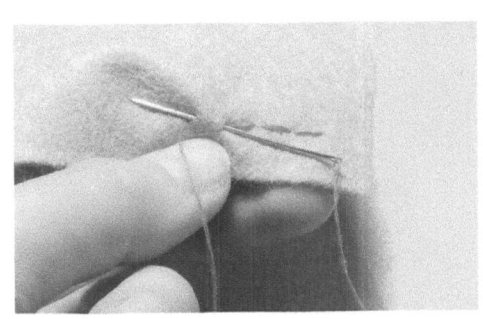 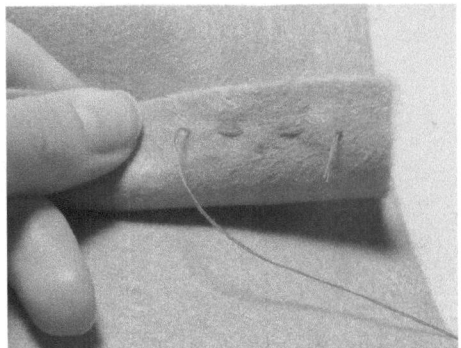

So sieht die Naht von innen/hinten aus (Abbildung rechts).

Katze mit Leuchtkugel

Material: 250g Acrylgarn „Caprice" von Rellana in hellgrau, Rest in weiß, rosa und schwarz (erhältlich in meinem Shop auf www.romyfischer.de), Katzenaugen in gelb Durchmesser 18mm, 1 Set (6 Stück) Barthaare/Schnurrhaare transparent (oder wahlweise Perlonfaden), Acrylkugel Durchmesser 16cm, Transparentpapier in weiß 2 DIN A4 Bögen, LED-Lichterkette 3m in weiß und batteriebetrieben, durchsichtiges doppelseitiges Klebeband, Füllwatte, Häkelnadel 3,5mm, Schere, Wollnadel

Größe: ca. 34cm

Augenringe (2x; schwarz)

5 Lfm mit 1 Kettm zur Rd schließen

Rd 1: 12 fM in die Rd häkeln (12 M)
Rd 2: 6x (1 fM, 1 M zun) (18 M)
1 Kettm, abmaschen und einen langen Faden zum Annähen lassen.
Die Augen durch die Öffnung stecken und mit der Verschlusskappe fixieren.

Kopf + Körper (hellgrau)

Rd 1: in einen Fadenring 6 fM häkeln und zur Runde schließen (6 M)
Rd 2: alle M verdoppeln (12 M)
Rd 3: 6x (1 fM, 1 M zun) (18 M)
Rd 4: 6x (2 fM, 1 M zun) (24 M)
Rd 5: 6x (3 fM, 1 M zun) (30 M)
Rd 6: 6x (4 fM, 1 M zun) (36 M)
Rd 7: 6x (5 fM, 1 M zun) (42 M)
Rd 8: 6x (6 fM, 1 M zun) (48 M)
Rd 9: 6x (7 fM, 1 M zun) (54 M)
Rd 10: 6x (8 fM, 1 M zun) (60 M)
Rd 11: 6x (9 fM, 1 M zun) (66 M)
Rd 12: 6x (10 fM, 1 M zun) (72 M)
Rd 13: 6x (11 fM, 1 M zun) (78 M)
Rd 14: 6x (12 fM, 1 M zun) (84 M)
Rd 15-25: 84 fM (84 M)
Rd 26: 6x (12 fM, 1 M abn) (78 M)
Rd 27: 6x (11 fM, 1 M abn) (72 M)
Rd 28: 6x (10 fM, 1 M abn) (66 M)
Rd 29: 6x (9 fM, 1 M abn) (60 M)
Rd 30: 6x (8 fM, 1 M abn) (54 M)
Rd 31: 6x (7 fM, 1 M abn) (48 M)
Rd 32: 6x (6 fM, 1 M abn) (42 M)
Nun werden die Augenringe angenäht (von oben gezählt in Rd 14)
Rd 33: 6x (5 fM, 1 M abn) (36 M)
Rd 34: 6x (4 fM, 1 M abn) (30 M)

Nun wird der Kopf mit Watte gefüllt.
Rd 35: 30 fM (30 M)
Rd 36: 6x (4 fM, 1 M zun) (36 M)
Rd 37: 36 fM (36 M)
Rd 38: 6x (5 fM, 1 M zun) (42 M)
Rd 39: 42 fM (42 M)
Rd 40: 6x (6 fM, 1 M zun) (48 M)
Rd 41: 48 fM (48 M)
Rd 42: 6x (7 fM, 1 M zun) (54 M)
Rd 43: 6x (8 fM, 1 M zun) (60 M)
Rd 44: 6x (9 fM, 1 M zun) (66 M)
Rd 45: 6x (10 fM, 1 M zun) (72 M)
Rd 46: 6x (11 fM, 1 M zun) (78 M)
Rd 47: 6x (12 fM, 1 M zun) (84 M)
Rd 48-72: 84 fM (84 M)
Rd 73: 6x (12 fM, 1 M abn) (78 M)
Rd 74: 6x (11 fM, 1 M abn) (72 M)
Rd 75: 6x (10 fM, 1 M abn) (66 M)
Rd 76: 6x (9 fM, 1 M abn) (60 M)
Rd 77: 6x (8 fM, 1 M abn) (54 M)
Rd 78: 6x (7 fM, 1 M abn) (48 M)
Rd 79: 6x (6 fM, 1 M abn) (42 M)
Von jetzt an und in den folgenden Runden den Körper Stück für Stück mit Watte füllen.
Rd 80: 42 fM ins hMg häkeln (42 M)
Rd 81: 6x (5 fM, 1 M abn) (36 M)
Rd 82: 6x (4 fM, 1 M abn) (30 M)
Rd 83: 6x (3 fM, 1 M abn) (24 M)
Rd 84: 6x (2 fM, 1 M abn) (18 M)
Rd 85: 6x (1 fM, 1 M abn) (12 M)
Rd 86: 6x 1 M abn (6 M)
1 Kettm, abmaschen und die Öffnung zunähen.

Ohren (2x; hellgrau)

Rd 1: in einen Fadenring 6 fM häkeln und zuziehen (6 M)
Rd 2: alle M verdoppeln (12 M)
Rd 3: 12 fM (12 M)
Rd 4: 6x (1 fM, 1 M zun) (18 M)
Rd 5: 18 fM (18 M)
Rd 6: 6x (2 fM, 1 M zun) (24 M)
Rd 7: 24 fM (24 M)
Rd 8: 6x (3 fM, 1 M zun) (30 M)
Rd 9: 30 fM (30 M)
Rd 10: 6x (4 fM, 1 M zun) (36 M)
Rd 11-13: 36 fM (36 M)

1 Kettm, abmaschen und einen längeren Faden lassen. Die Öffnung unten zunähen.

Unterlippe (hellgrau)

Rd 1: in einen Fadenring 6 fM häkeln und zuziehen (6 M)
Rd 2: alle M verdoppeln (12 M)
Rd 3: 6x (1 fM, 1 M zun) (18 M)
Rd 4: 6x (2 fM, 1 M zun) (24 M)
1 Kettm, abmaschen und einen längeren Faden lasse. Den Kreis in der Mitte falten und zunähen.

Schnauze (2x; weiß)

Rd 1: in einen Fadenring 6 fM häkeln und zuziehen (6 M)
Rd 2: alle M verdoppeln (12 M)
Rd 3: 6x (1 fM, 1 M zun) (18 M)
Rd 4: 6x (2 fM, 1 M zun) (24 M)
Rd 5+6: 24 fM (24 M)
1 Kettm, abmaschen und einen längeren Faden lassen

Nase (rosa)

Rd 1: in einen Fadenring 6 fM häkeln und zuziehen (6 M)
Rd 2: alle M verdoppeln (12 M)
Rd 3: 12 fM (12 M)
Rd 4: 6x (1 fM, 1 M zun) (18 M)
Rd 5: 18 fM (18 M)
Rd 6: 6x (2 fM, 1 M zun) (24 M)
Rd 7: 24 fM (24 M)
1 Kettm, abmaschen und einen längeren Faden lassen. Die Öffnung zunähen.

Schenkel (2x; hellgrau)

Rd 1: in einen Fadenring 6 fM häkeln und zur Runde schließen (6 M)
Rd 2: alle M verdoppeln (12 M)
Rd 3: 6x (1 fM, 1 M zun) (18 M)
Rd 4: 6x (2 fM, 1 M zun) (24 M)
Rd 5: 6x (3 fM, 1 M zun) (30 M)
Rd 6: 6x (4 fM, 1 M zun) (36 M)
Rd 7: 6x (5 fM, 1 M zun) (42 M)
Rd 8: 6x (6 fM, 1 M zun) (48 M)
Rd 9: 6x (7 fM, 1 M zun) (54 M)
Rd 10: 6x (8 fM, 1 M zun) (60 M)
Rd 11-13: 60 fM (60 M)
1 Kettm, abmaschen und einen längeren Faden lassen.

Füße (2x; hellgrau)

Rd 1: in einen Fadenring 6 fM häkeln und zur Runde schließen (6 M)
Rd 2: alle M verdoppeln (12 M)
Rd 3: 6x (1 fM, 1 M zun) (18 M)
Rd 4: 6x (2 fM, 1 M zun) (24 M)
Rd 5: 6x (3 fM, 1 M zun) (30 M)
Rd 6-21: 30 fM (30 M)
Nun mit schwarzer Wolle die Krallen sticken.
Rd 22: 6x (3 fM, 1 M abn) (24 M)
Rd 23+24: 24 fM (24 M)
Rd 25: 6x (2 fM, 1 M abn) (18 M)
Rd 26+27: 18 fM (18 M)
Den Fuß mit Watte füllen, nach oben hin weniger, da sonst kein stabiler Stand entstehen kann.
Anschließend mit fM zusammenhäkeln und einen langen Faden lassen.

Arme (2x; hellgrau)

Rd 1: in einen Fadenring 6 fM häkeln und zur Runde schließen (6 M)
Rd 2: alle M verdoppeln (12 M)
Rd 3: 6x (1 fM, 1 M zun) (18 M)
Rd 4: 6x (2 fM, 1 M zun) (24 M)
Rd 5: 6x (3 fM, 1 M zun) (30 M)
Rd 6-13: 30 fM (30 M)
Nun mit schwarzer Wolle die Krallen sticken.
Rd 14: 6x (3 fM, 1 M abn) (24 M)
Rd 15-19: 24 fM (24 M)
Rd 20: 6x (2 fM, 1 M abn) (18 M)
Rd 21-33: 18 fM (18 M)
Den Arm mit Watte füllen, nach oben hin weniger, da er sonst zu weit vom Körper absteht.
Anschließend mit fM zusammenhäkeln und einen langen Faden lassen.

Schwanz (hellgrau)

Rd 1: in einen Fadenring 6 fM häkeln und zuziehen (6 M)
Rd 2: alle M verdoppeln (12 M)
Rd 3: 6x (1 fM, 1 M zun) (18 M)
Rd 4-48: 18 fM (18 M)
Den gesamten Schwanz mit nur sehr wenig Watte füllen, damit er biegsam bleibt. Anschließend mit fM zusammenhäkeln und einen langen Faden lassen.

Die Leuchtkugel

Um einen wunderschönen leuchtenden Effekt zu erzielen, wird das Transparentpapier in kleine Stücke zerrissen und nach und nach mit doppelseitigem Klebeband auf der Innenseite der Acrylkugel auf beide Kugelhälften befestigt. Anschließend die Lichterkette hineinstecken. Aus Sicherheitsgründen solltest du nur LED-Lichterketten verwenden, denn die werden nicht heiß, wenn sie länger laufen.

Fertigstellung:

Zunächst die Schnurrhaare auf beiden Schnauzenseiten anbringen – von der Innenseite her durchstecken und ggf. mit Nähgarn und Nähnadel mit ein paar Stichen fixieren. Im Falle von Perlongarn wird dies einfach verknotet, so dass die Schnurrhaare zur Seite abstehen. Dann beide Schnauzenteile nacheinander mit Watte füllen und am Kopf annähen. Daraufhin die Nase und die Unterlippe annähen. Die Ohren werden oben am Kopf so angenäht, dass eine leichte Mulde auf der Innenseite entsteht (leicht gebogen annähen).
Danach folgen die Schenkel. Sie werden unten an der Seite angenäht, woraufhin die die Füße von unten angenäht werden. Darauf achten, dass sie leicht zur Seite stehen – wie ein „V" – damit die Kugel später dazwischen passt. Danach werden die Arme angenäht, und zwar so, dass sie vorne im ausgestreckten Zustand die Kugel berühren können. Zum Schluss wird der Schwanz angenäht. Unten auf der Rückseite mit ein paar Stichen fixieren. Bei Interesse kann der Schwanz zu einem „S" geformt und mit ein paar Stichen am Rücken fixiert werden – so wie eine Katze manchmal ihren Schwanz schlängelt. Wer die Kugel an der Katze fest anbringen möchte, kann die Pfoten mit dem doppelseitigem Klebeband an der Acrylkugel befestigen. Ansonsten wird die Kugel einfach zwischen die Füße gelegt und die Pfoten oben drauf gelegt. Fertig.

Schnecke-Stiftehalter

Material: G-B-Wolle je 1x 50g Knäuel türkis (Farbnr. 269), pink (Farbnr. 133), pflaume (Farbnr. 450), Rest in schwarz (Farbnr. 899), Sicherheitsaugen 12mm Durchmesser (lila metallic), Häkelnadel 3,0, Füllwatte, Schere, Wollnadel, 1 Glas (z.B. vom Brotaufstrich; ca. 6,5-7cm Durchmesser); ohne Deckel, Chenilledraht ca. 7cm

Größe: ca. 15cm Länge

Glasbezug (pink)

Rd 1: 6 fM in einen Fadenring häkeln und zuziehen (6M)
Rd 2: alle M verdoppeln = in jede M 2 fM häkeln (12M)
Rd 3: 6x (1 fM, 1 M zun) (18M)
Rd 4: 6x (2 fM, 1 M zun) (24M)
Rd 5: 6x (3 fM, 1 M zun) (30M)
Rd 6: 6x (4 fM, 1 M zun) (36M)
Rd 7: 6x (5 fM, 1 M zun) (42M)
Rd 8: 6x (6 fM, 1 M zun) (48M)
Rd 9: 6x (7 fM, 1 M zun) (54M)
Rd 10: 54 fM ins hMg häkeln (54 M)
Rd 11-15: 3 Lfm (zählt als 1. Stb), 53 Kettm, 1 Kettm in die 3. Lfm (54 M)
Rd 16: 3 Lfm (zählt als 1.Stb), 1 Stb, 1 Lfm + 1 M überspr, *2 Stb, 1 Lfm + 1 M überspr, ab * wh, am Ende der Rd: 1 Kettm in die 3. Lfm (54 M)
Rd 17: 3 Lfm (zählt als 1. Stb), in jedes Stb der Vorrunde 3 Stb häkeln, auch in die Lfm-Bg werden 3 Stb gehäkelt; am Ende der Rd: 1 Kettm in die 3. Lfm, abmaschen (162 M)

Kordel (pflaume)

126 Lfm häkeln, mit einer Wollnadel durch den oberen Rand des Glasbezugs fädeln. In beide Enden einen Knoten machen und mit einer Schleife verschließen.

Körper (türkis)

Rd 1: 6 fM in einen Fadenring häkeln und zuziehen (6M)
Rd 2: 6 fM (6 M)
Rd 3: alle M verdoppeln = in jede M 2 fM häkeln (12M)
Rd 4: 12 fM (12 M)
Rd 5: 6x (1 fM, 1 M zun) (18M)
Rd 6: 18 fM (18 M)
Rd 7: 6x (2 fM, 1 M zun) (24M)
Rd 8: 24 fM (24 M)
Rd 9: 6x (3 fM, 1 M zun) (30M)
Rd 10: 30 fM (30 M)
Rd 11: 6x (4 fM, 1 M zun) (36M)
Rd 12: 36 fM (36 M)
Rd 13: 6x (5 fM, 1 M zun) (42M)

Rd 15-39: 42 fM (42 M)
Rd 40: 12 fM, 7x (1 M abn), 12fM, 4x (1 M zun) (39 M)
Rd 41: 39 fM (39 M)
Rd 42: 14 fM,3 x (1 M abn), 19 fM (36 M)
Rd 43: 36 fM (36 M)
Rd 44: 34 fM, 2x (1 M zun) (38 M)
Rd 45: 38 fM (38 M)
Rd 46: 11 fM, 8x (1 M abn),11 fM (30 M)
Rd 47-49: 30 fM (30 M)
Rd 50: 6x (1M abn, 3 fM) (24 M)
Rd 51+52: 24 fM (24 M)
Rd 53: 6x (1 M abn,2 fM) (18 M)
Rd 54+55: 18 fM (18 M)
Rd 56: 6x (1 M abn, 1 fM) (12 M)
Rd 57: 6x 1 M abn (6 M)
1 Kettm, abmaschen, die Öffnung zunähen. Der Körper wird nicht mit Watte gefüllt, da er sonst keinen stabilen Stand für die gesamte Schnecke geben kann.

Kopf (türkis)

Rd 1: 6 fM in einen Fadenring häkeln und zuziehen (6M)
Rd 2: alle M verdoppeln = in jede M 2 fM häkeln (12M)
Rd 3: 6x (1 fM, 1 M zun) (18M)
Rd 4: 6x (2 fM, 1 M zun) (24M)
Rd 5+6: 24 fM (24 M)
Rd 7: 6x (3 fM, 1 M zun) (30M)
Rd 8+9: 30 fM (30 M)
Rd 10: 6x (4 fM, 1 M zun) (36M)
Rd 11+12: 36 fM (36 M)
Rd 13: 6x (5 fM, 1 M zun) (42M)
Rd 14-17: 42 fM (42 M)
Rd 18: 6x (1 M abn, 5 fM) (36M)
Rd 19: 6x (1 M abn, 4 fM) (30M)
Rd 20: 6x (1 M abn, 3 fM) (24M)
Nun die Sicherheitsaugen anbringen, Mund und Nase sticken und den Kopf mit Watte füllen, ggf. in den folgenden Rd immer wieder nachstopfen.
Rd 21: 6x (1 M abn, 2 fM) (18M)
Rd 22: 6x (1 M abn, 1 fM) (12M)
Rd 23: 6x 1 M abn (6M)

Fühler (2x)

In pink beginnen

Rd 1: in einen Fadenring 6 fM häkeln und zuziehen (6 M)
Rd 2: alle M verdoppeln bzw. 6x 1M zun (12 M)
Rd 3+4: 12 fM (12 M)
Rd 5: 3x (1M abn, 1 fM) (9 M)
Diesen Teil des Fühlers nun mit Watte füllen.
Farbwechsel in pflaume
Rd 6-10: 9 fM (9 M)
1 Kettm, abmaschen und einen längeren Faden zum Annähen lassen.
Mit einer Wollnadel den Chenilledraht oben quer durch den Kopf ziehen, die Fühler oben drauf stülpen und annähen.

Den Kopf vorne an der Spitze des Körpers anlegen und rund herum festnähen. Um mehr Stabilität zu bekommen, nähe am besten 2 Runden herum um den Kopf. In der zweiten Runde erweiterst du mit den Stichen den Radius ein wenig. Mit ein paar Stichen muss der Kopf auch unbedingt am Glasbezug fixiert werden (siehe Abb. 6 und 7). Im Anschluss den Glasbezug auch rund herum am Körper der Schnecke festnähen. Fertig!

Sonnenblume

Material: G-B-Wolle „Carina" gelb (2x; Farbnr. 131), grün (Farbnr. 535) und braun (Farbnr. 104) , Füllwatte,, Aludraht (3mm Durchmesser; 3x 24cm = 72cm), Blumentopf Durchmesser 11cm, Schere, Wollnadel, Häkelnadel 2,5

Größe: ca. 30cm

Blütenblätter (12x; gelb)

Rd 1: 6 fM in einen Fadenring häkeln und zuziehen (6 M)
Rd 2: alle M verdoppeln (12 M)
Rd 3: 6x (1 fM, 1 M zun) (18 M)
Rd 4: 6x (2 fM, 1 M zun) (24 M)
Rd 5: 6x (3 fM, 1 M zun) (30 M)
Rd 6-11: 30 fM (30 M)
Rd 12: 6x (1 M abn, 3 fM) (24 M)
Rd 13: 6x (1 M abn, 2 fM) (18M)
Rd 14: 6x (1 M abn, 1 fM) (12 M)
Rd 15-17: 12 fM (12 M)
1 Kettm, abmaschen und einen längeren Faden zum Annähen lassen

Blatt (grün)

Rd 1: 6 fM in einen Fadenring häkeln und zuziehen (6 M)
Rd 2 + 3: 6 fM (6 M)
Rd 4: 3x (1fM, 1 M zun) (9 M)
Rd 5: 9 fM (9 M)
Rd 6: 3x (2 fM, 1 M zun) (12 M)
Rd 7: 12 fM (12 M)
Rd 8: 3x (3 fM, 1 M zun) (15 M)
Rd 9: 15 fM (15 M)
Rd 10: 3x (4 fM, 1 M zun) (18 M)
Rd 11: 18 fM (18 M)
Rd 12: 3x (5 fM, 1 M zun) (21 M)
Rd 13: 21 fM (21 M)
Rd 14: 3x (6 fM, 1 M zun) (24 M)
Rd 15-20: 24 fM (24 M)
Rd 21: 6x (1 M abn, 2 fM) (18 M)
Rd 22: 6x (1 M abn, 1 fM) (12 M)
1 Kettm, abmaschen und einen längeren Faden zum Annähen lassen. Das Blatt am unteren Ende in der Mitte zusammenfalten und mit ein paar Stichen fixieren. Den Rest des Fadens später dazu verwenden, das Blatt an den Stängel zu nähen.

Blütenstempel (braun)

Rd 1: 6 fM in einen Fadenring häkeln und zuziehen (6 M)
Rd 2: alle M verdoppeln (12 M)
Rd 3: 6x (1 fM, 1 M zun) (18 M)
Rd 4: 6x (2 fM, 1 M zun) (24 M)
Rd 5: 6x (3 fM, 1 M zun) (30 M)
Rd 6: 6x (4 fM, 1 M zun) (36 M)
Rd 7: 6x (5 fM, 1 M zun) (42M)
Rd 8: 6x (6 fM,1 M zun) (48 M)
Rd 9: 6x (7 fM, 1 M zun) (54 M)
Rd 10: 6x (8 fM, 1 M zun) (60 M)
Rd 11-17: 60 fM (60 M)
Rd 18: 6x (1 M abn, 8 fM) (54 M)
Rd 19: 6x (1 M abn, 7 fM) (48 M)
Rd 20: 6x (1 M abn, 6 fM) (42 M)
Rd 21: 6x (1 M abn, 5 fM) (36 M)
Rd 22: 6x (1 M abn, 4 fM) (30 M)
Rd 23: 6x (1 M abn, 3 fM) (24 M)
Den Blütenstempel nun mit Watte füllen
Rd 24: 6x (1 M abn, 2 fM) (18 M)
Farbwechsel in grün (jetzt geht es in den Stängel über)
Rd 25: 6x (1 M abn, 1 fM) (12 M)
Rd 26-63: 12 fM (12 M)
1 Kettm, abmaschen und einen längeren Faden zum späteren Annähen lassen.

Nun legst du die 3x 24cm langen Aludrähte nebeneinander und verdrehst sie ineinander, so dass sie einen etwas dickeren Draht ergeben. Diesen führst du daraufhin in den Stängel ein, sogar bis weit in den Blütenstempel hinein – soweit wie es geht. Der Draht sollte nach Möglichkeit durch den gesamten Blütenstempel gehen. Umso stabiler ist er, wenn du den Blütenstempel im 90° Winkel abknickst, damit er nicht nach oben, sondern wie eine normale Blüte zur Seite geneigt ist.
Der Rest des Drahtes schaut aus dem „Stängel" heraus – das soll so sein, denn dieser „Rest" wird später benötigt, um ihn in den „Erdboden" zu stecken und zu befestigen.

Schon jetzt beginnst du damit, die Blütenblätter anzunähen. Sie sollten keine Lücke ergeben und sich gegenseitig leicht an den Außenkanten überschneiden.
Nachdem alle Blütenblätter angenäht sind, wird auch das grüne Blatt an der Seite mit ein paar Stichen fixiert.

Erdboden (braun)

6 Lfm häkeln und mit 1 Kettm zur Rd schließen. Danach 1 weitere Lfm häkeln.

Rd 1: 12 fM in diese Rd häkeln (12 M)
Rd 2: alle M verdoppeln (24 M)
Rd 3: 6x (3 fM, 1 M zun) (30 M)
Rd 4: 6x (4 fM, 1 M zun) (36 M)
Rd 5: 6x (5 fM, 1 M zun) (42 M)
Rd 6: 6x (6 fM, 1 M zun) (48 M)
Rd 7: 6x (7 fM, 1 M zun) (54 M)
Rd 8: 6x (8 fM, 1 M zun) (60 M)
Rd 9: 6x (9 fM, 1 M zun) (66 M)
Rd 10: 6x (10 fM, 1 M zun) (72 M)
Rd 11: 72 fM ins hMg häkeln (72 M)
Rd 12 + 13: 72 fM (72 M)
Rd 14: 6x (1 M abn, 10 fM) (66 M)
Rd 15: 66 M (66 M)
Rd 16: 6x (1 M abn, 9 fM) (60 M)
Rd 17: 60 fM (60 M)
Rd 18: 6x (1 M abn, 8 fM) (54 M)
Rd 19: 54 fM (54 M)
Rd 20: 6x (1 M abn, 7 fM) (48 M)
Rd 21: 54 fM (54 M)
Rd 22: 6x (1 M abn, 6 fM) (42 M)
Rd 23: 42 fM (42 M)
Rd 24: 6x (1 M abn, 5 fM) (36 M)
Rd 25: 36 fM (36 M)
1 Kettm, abmaschen, Faden vernähen.

Die Sonnenblume (den Draht) durch die Öffnung des „Erdbodens" stecken, und den „Erdboden" ausreichend mit Watte füllen und im Anschluss in den Blumentopf stecken. Im letzten Schritt wird der Blütenstängel mit ein paar Stichen am „Erdboden" fixiert, damit er nicht mehr herausfallen kann. Und fertig ist die Sonnenblume für die heimische Fensterbank, Wohnzimmertisch, Nachtschrank etc...

Die Katzen-Ratte

Material: G-B- Wolle „Carina" 1x 50g Knäuel in grau, sowie rosa und Rest in schwarz, Häkel-nadel 2,5, Füllwatte, Schere, Wollnadel, Catnip (erhältlich in einigen Zoofachgeschäften, oder aber online)

Länge 23cm

Körper (grau)

45 Lfm + 1 W-Lfm (= 45 M)
Insgesamt 42 Reihen 45 fM + 1 W-Lfm häkeln. Dann in der Mitte falten und mit fM zusammen-häkeln (verschließen). Zunächst die längliche Seite und eine der kürzeren. Den Körper abwech-selnd mit einer Schicht Watte und einer Schicht Catnip füllen. Anschließend den Faden an der oberen Öffnung wieder ansetzen und ebenfalls mit fM zusammenhäkeln (verschließen).

Augen (2x; schwarz)

Rd 1: in einen Fadenring 6 fM häkeln und zuziehen (6 M)
1 Kettm, 1 Lfm, abmaschen und einen längeren Faden zum Annähen lassen.

Verwende bitte auf gar keinen Fall „Sicherheitsaugen". Man kann nie wissen, ob deine Katze sie nicht doch irgendwann im wilden Spiel abkratzt und schlimmstenfalls verschluckt.

Kopf (grau)

Rd 1: in einen Fadenring 6 fM häkeln und zuziehen (6 M)
Rd 2: 6 fM (6 M)
Rd 3: 3x (1 fM, 1 M zun) (9 M)
Rd 4: 9 fM (9 M)
Rd 5: 3x (2 fM, 1 M zun) (12 M)
Rd 6: 3x (3 fM, 1 M zun) (15 M)
Rd 7: 3x (4 fM, 1 M zun) (18 M)
Rd 8: 3x (5 fM, 1 M zun) (21 M)
Rd 9: 4 fM, 9 fM ins vMg, 8 fM (21 M)
Rd 10: 4 fM, 9 M zun, 8 fM (30 M)
Rd 11: 30 fM (30 M)
Rd 12: 5 fM, 6x (1 M zun, 2 fM), 7 fM (36 M)
Rd 13: 36 fM (36 M)
Rd 14: 8 fM, 6x (1 M zun, 3 fM), 4 fM (42 M)
Rd 15: 9 fM,6x (1 M zun, 4 fM), 3 fM (48 M)
Rd 16-21: 48 fM (48 M)
Jetzt werden die Augen vorne am Kopf angenäht.
Rd 22: 6x (1 M abn, 6 fM) (42 M)
Rd 23: 6x (1 M abn, 5 fM) (36 M)
Rd 24: 6x (1 M abn, 4 fM) (30 M)
Rd 25: 6x (1 M abn, 3 fM) (24 M)

Den Kopf nun mit Watte füllen und in den nachfolgenden Runden immer mal wieder nachstopfen. Ggf. auf Wunsch den Kopf zusätzlich auch mit weiterem Catnip füllen.
Rd 26: 6x (1 M abn, 2 fM) (18 M)
Rd 27: 6x (1 M abn, 1 fM) (12 M)
Rd 28: 6x 1 M abn (6 M)
1 Kettm, abmaschen und die Öffnung zunähen.

Nase (rosa)

Rd 1: in einen Fadenring 6 fM häkeln und zuziehen (6 M)
Rd 2: alle M verdoppeln bzw. 6x 1 M zun (12 M)
Rd 3-5: 12 fM (12 M)
Die Nase nun mit etwas Watte füllen.
Rd 6: 3x (1 M abn, 1 fM) (9 M)
1 Kettm, abmaschen und einen längeren Faden zum Annähen lassen.

Ohren (2x; grau)

Rd 1: in einen Fadenring 6 fM häkeln und zuziehen (6 M)
Rd 2: alle M verdoppeln bzw. 6x 1 M zun (12M)
Rd 3: 6x (1 fM, 1 M zun) (18 M)
Rd 4: 6x (2 fM,1 M zun) (24 M)
Rd 5-7: 24 fM (24 M)
Rd 8: 6x (1 M abn, 2 fM) (18M)
Rd 9+10: 18 fM (18 M)
Rd 11: 6x (1 M abn, 1M) (12 M)
Rd 12+13: 12 fM (12 M)
1 Kettm, abmaschen und einen längeren Faden zum Annähen lassen. Bevor du die Ohren am Kopf annähst, faltest du sie unten zusammen und fixierst sie mit ein paar Stichen. So entsteht die leichte Wölbung im oberen Teil des Ohrs. Die Ohren werden nicht mit Watte gefüllt.

Schwanz (rosa)

Rd 1: in einen Fadenring 6 fM häkeln und zuziehen (6 M)
Rd 2-7: 6 fM (6 M)
Rd 8: 3x (1 fM,1 M zun) (9 M)
Rd 9-14: 9 fM (9 M)
Rd 15: 3x (2 fM, 1 M zun) (12 M)
Rd 16-26: 12 fM (12 M)
1 Kettm, abmaschen und einen längeren Faden zum Annähen lassen. Den Schwanz vorher mit Watte füllen.

Pfoten (4x; rosa)

Rd 1: in einen Fadenring 6 fM häkeln und zuziehen (6 M)

Rd 2-4: 6fM
Abmaschen

Diesen Schritt 2x wiederholen, so dass du insgesamt 3 Zehen hast. Die letzte Zehe wird nicht abgemascht, sondern am Arbeitsfaden gelassen.
Die Rundenzählung beginnt nun von Neuem, während die Zehen zusammengehäkelt werden.

Rd 1: 3fM in den nächsten Zeh häkeln (während der andere Zeh noch auf der Nadel bleibt; siehe Abb.), 6 fM in den dritten Zeh häkeln, dann wieder 3 fM in den mittleren Zeh und 6 fM in den letzten Zeh, der von Anfang an schon auf der Nadel war. Die komplette Runde besteht nun aus 18 M (3x 6 M)
Rd 2: 6x (1 M abn, 1 fM) (12 M)
Rd 3-5: 12 fM (12 M)
1 Kettm, abmaschen und einen längeren Faden zum Annähen lassen.

 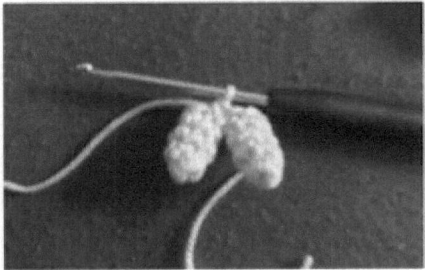

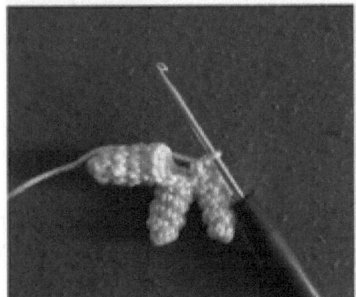

Die Pfoten werden nacheinander auf alle 4 Ecken des Körpers gestülpt und mit ein paar Stichen festgenäht. Achte dabei darauf, dass der Faden bei allen Nähten sehr fest anliegt – je nachdem wie wild deine Katze mit der Ratte spielt. Sie sollte schließlich nicht nach 5 Minuten schon in alle Einzelteile zerlegt werden.

Gemüsekorb

Material: Für die Gemüsesorten habe ich „Adina" von Rellana verwendet (100% Baumwolle), für den Korb „Tonja" von Rellana in der Farbe „Natur" 2x 50g (100% Baumwolle), Häkelnadel 3, Füllwatte, Wollnadel, Schere

Korb (Durchmesser ca. 25cm, Höhe 5cm)

Rd 1: in einen Fadenring 6 fM häkeln und zur Runde schließen (6 M)
Rd 2: alle M verdoppeln (12 M)
Rd 3: 6x (1 fM, 1 M zun) (18 M)
Rd 4: 6x (2 fM, 1 M zun) (24 M)
Rd 5: 6x (3 fM, 1 M zun) (30 M)
Rd 6: 6x (4 fM, 1 M zun) (36 M)
Rd 7: 6x (5 fM, 1 M zun) (42 M)
Rd 8: 6x (6 fM, 1 M zun) (48 M)

Rd 9: 6x (7 fM, 1 M zun) (54 M)
Rd 10: 6x (8 fM, 1 M zun) (60 M)
Rd 11: 6x (9 fM, 1 M zun) (66 M)
Rd 12: 6x (10 fM, 1 M zun) (72 M)
Rd 13: 6x (11 fM, 1 M zun) (78 M)
Rd 14: 6x (12 fM, 1 M zun) (84 M)
Rd 15: 6x (13 fM, 1 M zun) (90 M)
Rd 16: 6x (14 fM, 1 M zun) (96 M)
Rd 17: 6x (15 fM, 1 M zun) (102 M)
Rd 18: 6x (16 fM, 1 M zun) (108 M)
Rd 19: 6x (17 fM, 1 M zun) (114 M)
Rd 20: 6x (18 fM, 1 M zun) (120 M)
Rd 21: 6x (19 fM, 1 M zun) (126 M)
Rd 22: 6x (20 fM, 1 M zun) (132 M)
Rd 23: 6x (21 fM, 1 M zun) (138 M)
Rd 24: 6x (22 fM, 1 M zun) (144 M)
Rd 25: 6x (23 fM, 1 M zun) (150 M)
Rd 26: 6x (24 fM, 1 M zun) (156 M)
Rd 27: 6x (25 fM, 1 M zun) (162 M)
Rd 28: 162 fM ins hMg (162 M)
Rd 29-38: 162 fM (162 M)
1 Kettm, abmaschen, Faden vernähen.

Salatgurke (grün; Länge ca. 24cm)

61 Lfm
Es wird in Reihen gehäkelt. Alle ungeraden Reihen (1, 3, 5, 7...) werden ganz normal in fM + 1 W-Lfm am Ende einer jeden Reihe gehäkelt. Alle geraden Reihen (2, 4,6, 8...) werden mit fM ins hMg + 1 W-Lfm gehäkelt.
Mit diesem Schritt entsteht eine leicht gerippte Struktur, wie sie auch eine Salatgurke manchmal hat (Innenseite ist glatt)
Nach 26 Reihen faltest du das Häkelstück längs so zusammen, dass die Außenseite glatt ist. Mit fM die lange Seite zusammenhäkeln, so dass ein Schlauch entsteht. Am Ende die eine Öffnung zusammennähen und die gerippte Seite wieder nach außen stülpen. Mit Watte füllen und die obere Öffnung ebenso zunähen. Fertig.

Tomate (rot, grün; Durchmesser ca. 4,5cm + Höhe 6cm)

In rot beginnen

Rd 1: in einen Fadenring 6 fM häkeln und zur Runde schließen (6 M)
Rd 2: alle M verdoppeln (12 M)
Rd 3: 6x (1 fM, 1 M zun) (18 M)
Rd 4: 6x (2 fM, 1 M zun) (24 M)
Rd 5: 6x (3 fM, 1 M zun) (30 M)

Rd 6: 6x (4 fM, 1 M zun) (36 M)
Rd 7: 6x (5 fM, 1 M zun) (42 M)
Rd 8-10: 42 fM (42 M)
Rd 11: 6x (5 fM, 1 M abn) (36 M)
Rd 12: 6x (4 fM, 1 M abn) (30 M)
Rd 13: 6x (3 fM, 1 M abn) (24 M)
Rd 14: 6x (2 fM, 1 M abn) (18 M)
Die Tomate wird nun mit Watte gefüllt und in den nachfolgenden Runden ggf. nachgestopft.
Rd 15: 6x (1 fM, 1 M abn) (12 M)
Rd 16: 6x 1 M abn (6 M)
1 Kettm, abmaschen, die Öffnung zunähen.

Stängel (grün)

Rd 1 : in einen Fadenring 6 fM häkeln und zuziehen (6 M)
Rd 2-5: 6 fM (6 M)
Rd 6: jetzt werden die Blättergehäkelt: 6x (6 Lfm + 5 fM in die Lfm + 1 fM in die nächste M des Stängels)
1 Kettm, abmaschen, einen langen Faden zum Annähen an die Tomate lassen.

Karotte (orange; Länge ca. 10cm, ohne das Grün)

Rd 1: in einen Fadenring 6 fM häkeln und zuziehen (6 M)
Rd 2: 6 fM (6 M)
Rd 3: 3x (1 fM, 1 M zun) (9 M)
Rd 4+5: 9 fM (9 M)
Rd 6: 3x (2 fM, 1 M zun) (12 M)
Rd 7+8: 12 fM (12 M)
Rd 9: 3x (3 fM, 1 M zun) (15 M)
Rd 10+11: 15 fM (15 M)
Rd 12: 3x (4 fM, 1 M zun) (18 M)
Rd 13+14: 18 fM (18 M)
Rd 15: 3x (5 fM, 1 M zun) (24 M)
Rd 16-18: (24 fM (24 M)
Rd 19: 3x (6 fM, 1 M zun) (27 M)
Rd 20+21: 29 fM (27 M)
Rd 22: 3x (7 fM, 1 M zun) (30 M)
Rd 23-24: 30 fM (30 M)
Rd 25: 6x (3fM, 1 M abn) (24 M)
Rd 26: 6x (2 fM, 1 M abn) (18 M)
Die Karotte wird nun mit Watte gefüllt und in den nachfolgenden Runden ggf. nachgestopgt.
Rd 27: 6x (1 fM, 1 M abn) (12 M)
Rd 28: 6x 1 M abn (6 M)
1 Kettm, abmaschen und die Öffnung zunähen.

Mehrere grüne Fäden von ca. 20-25cm Länge abschneiden und jeweils immer 2 Stück mit einer Häkelnadel oben durch die Karotte fädeln. Die Fäden leicht durchziehen, die Fadenenden durch die entstandene Schlaufe stecken und fest durchziehen. Ich habe die durch die letzte Runde oben gefädelt (durch alle 6 M). Bist du einmal ringsherum gegangen, nimmst du noch einmal einen längeren grünen Faden und verknotest das gesamte Karottengrün zusammen. Die Fäden ggf. mit einer Schere auf die gewünschte Länge bringen. Fertig.

Aubergine (pflaume, grün; Durchmesser ca. 5cm + Höhe 15cm)

In pflaume beginnen

Rd 1: in einen Fadenring 6 fM häkeln und zur Runde schließen (6 M)
Rd 2: alle M verdoppeln (12 M)
Rd 3: 6x (1 fM, 1 M zun) (18 M)
Rd 4: 6x (2 fM, 1 M zun) (24 M)
Rd 5: 6x (3 fM, 1 M zun) (30 M)
Rd 6: 6x (4 fM, 1 M zun) (36 M)
Rd 7: 6x (5 fM, 1 M zun) (42 M)
Rd 8: 6x (6 fM, 1 M zun) (48 M)
Rd 9-19: 48 fM (48 M)
Rd 20: 6x (6 fM, 1 M abn) (42 M)
Rd 21: 42 fM (42 M)
Rd 22: 6x (5 fM, 1 M abn) (36 M)
Rd 23: 36 fM (36 M)
Rd 24: 6x (4 fM, 1 M abn) (30 M)
Rd 25: 30 fM (30 M)
Rd 26: 6x (3 fM, 1 M abn) (24 M)
Rd 27-29: 24 fM (24 M)
Die Aubergine jetzt mit Watte füllen und in den folgenden Runden ggf. nachstopfen.
Rd 30: 6x (2 fM, 1M abn) (18 M)
Rd 31-33: 18 fM (18 M)
Rd 34: 6x (1 fM, 1 M abn) (12 M)
Rd 35: 6x 1 M abn (6 M)
1 Kettm, abmaschen, Öffnung zunähen.

Stängel (grün)

Rd 1: in einen Fadenring 6 fM häkeln und zuziehen (6 M)
Rd 2: alle M verdoppeln (12M)
Rd 3-7: 12 fM (12 M)
Rd 8: 6x (4 Lfm +3 fM in diese Lfm + 2 fM in die nächsten M des Stängels)
1 Kettm, abmaschen und einen längeren Faden lassen, mit dem der Stängel an der Aubergine festgenäht wird.

Paprika (in grün, gelb und/oder rot + grün; Durchmesser ca. 6cm + Höhe 12cm)

In grün, rot oder gelb beginnen.

Rd 1: in einen Fadenring 6 fM häkeln und zur Runde schließen (6 M)
Rd 2: alle M verdoppeln (12 M)
Rd 3: 6x (1 fM, 1 M zun) (18 M)
Rd 4: 6x (2 fM, 1 M zun) (24 M)
Rd 5: 6x (3 fM, 1 M zun) (30 M)
Rd 6: 6x (4 fM, 1 M zun) (36 M)
Rd 7: 6x (5 fM, 1 M zun) (42 M)
Rd 8: 6x (6 fM, 1 M zun) (48 M)
Rd 9-28: 48 fM (48 M)
Rd 29: 6x (6 fM, 1 M abn) (42 M)
Rd 30: 6x (5 fM, 1 M abn) (36 M)
Rd 31: 6x (4 fM, 1 M abn) (30 M)
Rd 32: 6x (3 fM, 1 M abn) (24 M)
Die Paprika jetzt mit Watte füllen und in den nachfolgenden Runden ggf. nachstopfen. Die Paprika sollte jedoch nicht sehr fest mit Watte gefüllt werden, lieber etwas lockerer lassen.
Rd 33: 6x (2 fM, 1 M abn) (18 M)
Rd 34: 6x (1 fM, 1 M abn) (12 M)
Rd 35: 6x 1 M abn (6 M)
1 Kettm, abmaschen und einen langen Faden lassen. Den Faden in die Wollnadel fädeln und in die gegenüberliegende Masche der Öffnung stechen und den Faden fest hindurchziehen. Den Faden gerade und fest hinunterziehen zum Anfang der Paprika (Fadenring). Durch den Faden-ring stechen und den Faden wieder fest nach oben ziehen, so dass die Paprika einmal fest um-wickelt ist und der Faden oben und unten durch Anfang und Ende gezogen ist. Dann stichst du oben in der Öffnung in die Masche rechts oder links daneben, ziehst den Faden wieder straff nach unten und wiederholst diesen Schritt. Das wickeln/ziehen erarbeitest du insgesamt 3 Mal. Dadurch entstehen die leichten Kerben, die Paprikas meist haben. Wenn du das letzte Mal oben wieder angekommen bist, verknotest du den Faden und vernähst ihn.

Stängel (grün)

Rd 1: in einen Fadenring 6 fM häkeln und zuziehen (6 M)
Rd 2: 3x (1 fM, 1 M zun) (9 M)
Rd 3-9: 9 fM (9 M)
Rd 10: 3x (2 fM, 1 M zun) (12 M)
Rd 11: 6x (1 fM, 1 M zun) (18 M)
Rd 12: 6x (2 fM, 1 M zun) (24 M)
1 Kettm, abmaschen und einen längeren Faden zum Annähen lassen.

Kürbis (orange, grün; Durchmesser ca. 7cm + Höhe 12cm)

In orange beginnen

Rd 1: in einen Fadenring 6 fM häkeln und zur Runde schließen (6 M)
Rd 2: alle M verdoppeln (12 M)
Rd 3: 6x (1 fM, 1 M zun) (18 M)
Rd 4: 6x (2 fM, 1 M zun) (24 M)
Rd 5: 6x (3 fM, 1 M zun) (30 M)
Rd 6: 6x (4 fM, 1 M zun) (36 M)
Rd 7: 6x (5 fM, 1 M zun) (42 M)
Rd 8: 6x (6 fM, 1 M zun) (48 M)
Rd 9: 6x (7 fM, 1 M zun) (54 M)
Rd 10: 6x (8 fM, 1 M zun) (60 M)
Rd 11: 6x (9 fM, 1 M zun) (66 M)
Rd 12: 6x (10 fM, 1 M zun) (72 M)
Rd 13-25: 72 fM (72 M)
Rd 26: 6x (10 fM, 1 M abn) (66 M)
Rd 27: 6x (9 fM, 1 M abn) (60 M)
Rd 28: 6x (8 fM, 1 M abn) (54 M)
Rd 29: 6x (7 fM, 1 M abn) (48 M)
Rd 30: 6x (6 fM, 1 M abn) (42 M)
Rd 31: 6x (5 fM, 1 M abn) (36 M)
Rd 32: 6x (4 fM, 1 M abn) (30 M)
Rd 33: 6x (3 fM, 1 M abn) (24 M)
Den Kürbis jetzt mit Watte füllen und in den nachfolgenden Runden ggf. nachstopfen. Der Kürbis sollte jedoch nicht sehr fest mit Watte gefüllt werden, lieber etwas lockerer lassen.
Rd 34: 6x (2 fM, 1 M abn) (18 M)
Rd 35: 6x (1 fM, 1 M abn) (12 M)
Rd 36: 6x 1 M abn (6 M)
1 Kettm, abmaschen und einen langen Faden lassen. Den Faden in die Wollnadel fädeln und in die gegenüberliegende Masche der Öffnung stechen und den Faden fest hindurchziehen. Den Faden gerade und fest hinunterziehen zum Anfang des Kürbisses (Fadenring). Durch den Fadenring stechen und den Faden wieder fest nach oben ziehen, so dass der Kürbis einmal fest umwickelt ist und der Faden oben und unten durch Anfang und Ende gezogen ist. Dann stichst du oben in der Öffnung in die Masche rechts oder links daneben, ziehst den Faden wieder straff nach unten und wiederholst diesen Schritt. Das wickeln/ziehen erarbeitest du insgesamt 4 Mal. Dadurch entstehen die leichten Kerben, die Kürbisse meist haben. Wenn du das letzte Mal oben wieder angekommen bist, verknotest du den Faden und vernähst ihn.

Stängel (grün)

Rd 1: in einen Fadenring 6 fM häkeln und zuziehen (6 M)
Rd 2: alle M verdoppeln (12 M)
Rd 3: 6x (1 fM, 1 M zun) (18 M)

Rd 4-6: 18 fM (18 M)
Rd 7: 6x (2fM, 1 M zun) (24 M)
Rd 8: 6x (3 fM, 1 M zun) (30 M)
1 Kettm, abmaschen und einen längeren Faden lassen. Den Stängel mit Watte füllen und oben auf dem Kürbis rings herum annähen.

Champignon (weiß, schwarz; Durchmesser ca. 4,5cm + Höhe 6,5cm)

In weiß beginnen

Rd 1: in einen Fadenring 6 fM häkeln und zur Runde schließen (6 M)
Rd 2: alle M verdoppeln (12 M)
Rd 3: 6x (1 fM, 1 M zun) (18 M)
Rd 4: 6x (2 fM, 1 M zun) (24 M)
Rd 5: 6x (3 fM, 1 M zun) (30 M)
Rd 6: 6x (4 fM, 1 M zun) (36 M)
Rd 7-9: 36 fM (36 M)
Rd 10: 36 fM ins hMg (36 M)
Farbwechsel in schwarz
Rd 11: 6x (4 fM, 1 M abn) (30 M)
Rd 12: 6x (3 fM, 1 M abn) (24 M)
Rd 13: 6x (2 fM, 1 M abn) (18 M)
Farbwechsel in weiß
Rd 14: 18 fM ins vMg (18 M)
Rd 15-17: 18 fM (18 M)
Rd 18: 6x (1 fM, 1 M abn) (12 M)
Rd 19: 6x 1 M abn (6 M)
1 Kettm, abmaschen und einen längeren Faden lassen. Die Öffnung oben zunähen, verknoten und mit der Wollnadel von oben durch den Champignon-Stiel durchstechen. An der Kante zur schwarzen Fläche wieder hinausstechen und den Faden durchziehen. Von jetzt an diagonale Linien über die schwarze Fläche sticken. Am Ende den Faden verknoten und vernähen. Fertig.

Weitere Bücher

Folgende Handarbeitsbücher von mir sind bereits über den Buchhandel (auch online, auch als E-Book) erhältlich:

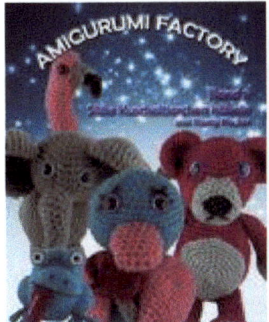   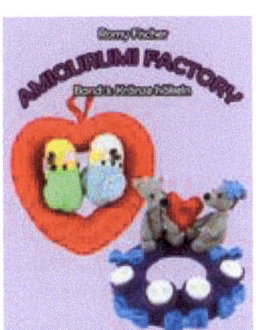

Ebenso habe ich u.a. folgende Einzelanleitungen als E-Book veröffentlicht:

Über mich

Ja, das bin dann wohl ich...

Zunächst möchte ich mich ganz herzlich bedanken, dafür dass du Interesse an meinen Modellen hast und dir die Zeit nimmst, sie nachzuarbeiten. Das ist für mich wirklich eine sehr große Ehre. Und ich hoffe, du hast deine Freude mit dem Ausarbeiten der Modelle und auch mit den Modellen selbst.

Was gibt es sonst über mich zu sagen...?
Ich bin im Jahr 1981 in Hannover geboren und war schon ein recht kreatives Kind, habe gerne gemalt, gebastelt, aber auch schon in sehr jungen Jahren mit meiner Großmutter zusammen Handarbeiten gemacht. Zunächst hat sie mir das Stricken beigebracht, das Häkeln habe ich mir später selbst beigebracht. Das Thema Handarbeiten begleitet mich also schon mein ganzes Leben.
Später habe ich mein Fachabitur in Sozialwesen gemacht, was ich zunächst dann auch studiert habe. Eine zusätzliche Ausbildung zur Psychologischen Beraterin folgte.

Seit einigen Jahren arbeite ich als Autorin und Schriftstellerin. Folgende Bücher habe ich bereits veröffentlicht:

- Das Horrorskop
- Das Leiden einer jungen Ebay-Verkäuferin
- Panikattacke Deluxe. Angst & Panik? Einfach drüber lachen
- Die Anti-Psychiaterin (Hörbuch)
- Meine Mutter, ihre Persönlichkeitsstörung und ich (Hörbuch)

Privat bin ich in einer verrückten Hippie-Kommune untergekommen. Das bedeutet, ich werde freundlicherweise von 2 Katern geduldet, sofern ich die Miete zahle, die Dosen öffne und auch sonst alle Aufgaben im Haushalt übernehme.